LE CARNAVAL
ET
LA FOLIE,
COMÉDIE-BALLET,

REPRÉSENTÉE
PAR L'ACADÉMIE ROYALE
DE MUSIQUE,
POUR LA PREMIERE FOIS
Le trois Janvier 1704.
Remise au Theâtre,
Le seize May 1719. *Le treize Juillet* 1730.
Le sept Août 1738. *Le onze Juin* 1748.
Et le Mardi 24 Juin 1755.

PRIX XXX SOLS.

AUX DÉPENS DE L'ACADÉMIE.

A PARIS, Chez la V. DELORMEL & FILS, Imprimeur de l'Académie, rue du Foin, à l'Image Ste. Geneviéve.
On trouvera des Livres de Paroles à la Salle de l'Opéra.

M. DCC. LV.
AVEC APPROBATION ET PRIVILEGE DU ROY.

Les Paroles de feu Monsieur DE LA MOTTE.

La Musique de feu Monsieur DESTOUCHES.

ACTEURS CHANTANS.

Dans les Chœurs.

CÔTE' DU ROI.		CÔTE' DE LA REINE.	
Mesdemoiselles.	*Messieurs.*	*Mesdemoiselles.*	*Messieurs.*
Larcher.	Lefebvre.	Rollet.	S. Martin.
Cazeau.	Le Page. C.	Daliere.	Gratin.
LeTourneur	Larivée.	Masson.	Le Mesle.
La Croix.	Le Roy.	Gondré.	Pinart.
Sallaville.	Vallet.	Héry.	Albert.
Gaultier.	Selle.	Adelaïde.	Chapotin.
De S.Hilaire.	Roze.	Lachanterie	Favier.
Edmée.	Robin.	Dauger.	Feret.
Vanhoff.	Antheaume	Beyssac.	Du Perrier.
	Parent.	Dubois c.	Laurent.
			Louatron.

ACTEURS DU PROLOGUE.

JUPITER,	Mr. Person.
VENUS,	Mlle Davaux.
MOMUS,	Mr Gelin.
MERCURE,	Mr De la Tour.

Les Dieux & les Déesses.

PERSONNAGES DANSANS.

LES GRACES.

Mlles Chevrier, Coupée, Himblot.

JEUX & PLAISIRS.

Mlle Carville.

Mr Hyacinte.

Mrs Beat, Dupré f., Trupty, Lochery.

Mlles Cho mar, Sauvage, Morel, Deschamps.

PROLOGUE.

Le Théâtre représente les Cieux, où les Dieux sont en festin.

SCENE PREMIERE.

JUPITER ET VENUS, alternativement avec le CHŒUR, *en se faisant servir le nectar.*

QU'A nos vœux ici tout réponde :
Versez-nous, versez-nous la céleste liqueur.
Versez, que le nectar enchante notre cœur,
Qu'il y porte une paix profonde.

JUPITER.

C'est assez de nectar; Amour, viens par tes feux,
Achever de nous rendre heureux.

MOMUS à JUPITER.

Ne vous faites point violence :
Junon eſt encor à Samos,
Profitez bien de ſon abſence.

JUPITER.

Téméraire Momus, laiſſe nous en repos.
Que l'on chante ici, que l'on danſe,
Livrons-nous à tous nos déſirs ;
Sur notre puiſſance
Reglons nos plaiſirs.

On danſe.

VENUS.

Regnez, Amour, regnez, raſſemblez vos attraits;
Triomphez, ſur nos cœurs étendez votre empire.

CHŒUR.

Triomphez, ſur nos cœurs étendez votre empire.

VENUS & JUPITER.

Mais, qu'à ſon gré, chacun ſoupire;
Laiſſez-nous le choix de vos traits.

LE CHŒUR.

Triomphez, ſur nos cœurs étendez votre empire.

On danſe.

VENUS.

Dieu d'amour, reſerve-nous tes charmes,
C'eſt pour nos cœurs que tes plaiſirs ſont faits;

Fais-nous ſans allarmes,
Goûter leurs attraits.

Doux momens
Doux tranſports des amans,
Ne pouvez-nous naître
Qu'après les tourmens ?
Aimons-tous,
Tendre Amour, bleſſe-nous :
Qui peut craindre pour maître
Un vainqueur ſi doux ?
Tes biens trop aimables
Sont trop peu durables,
Fixe-les pour nous.

On danſe.

VENUS alternativement avec le CHŒUR DES DÉESSES.

Viens Amour, avec tous tes charmes ;
Que les jeux viennent ſur tes pas,
Nous aimons tes douces allarmes,
Tes chaînes, tes feux ſont remplis d'appas ;
Prend tes traits, prépare tes armes,
Et viens te venger des cœurs qui n'aiment pas.

On danſe.

SCENE II.

MERCURE, & les acteurs de la Scene précédente.

MERCURE.

Quittez, quittez ces jeux, en faveur de l'Amour;
Que de nouveaux soins les suspendent;
Dans un moins superbe séjour,
De plus doux plaisirs vous attendent.

J'ai volé, j'ai servi vos feux,
Et mille charmantes mortelles
N'aspirent qu'au moment heureux
De vous voir soupirer près d'elles.

MOMUS aux Dieux.

Suivez, suivez Mercure, abandonnez les cieux.
Livrez-vous aux plaisirs; qu'envain la gloire gronde,
L'Amour est un plus digne objet.
Aimez, Il est un Roi qui prend le soin du monde,
Profitez du loisir qu'un mortel vous a fait.

JUPITER.

De tes ris outrageans, c'est trop souffrir l'injure,
Cesse, Momus, de troubler nos désirs.

Fui,

Fui, va chez les mortels exercer ta censure,
Et laisse ici les Dieux maîtres de leurs plaisirs.

MOMUS.

Le Destin m'a soumis au Maître du tonnerre,
J'obéis à ses loix, & je vous quitte tous :
Mais, j'espere bien-tôt vous revoir sur la terre,
Sous des formes dignes de vous.

LE CHŒUR DES DIEUX.

Allez Amours, conduisez-nous ;
Sous divers changemens, trompons les yeux jaloux.

FIN DU PROLOGUE.

ACTEURS DU BALLET.

PLUTUS, *Dieu des richesses.*	Mr Poirier.
LA JEUNESSE.	Mlle Jacquet.
LA FOLIE, *fille de* PLUTUS, *& de la* JEUNESSE.	Mlle Chevalier,
LE CARNAVAL.	Mr de Chassé.
MOMUS.	Mr Gelin.
Suite de PLUTUS *& de la* JEUNESSE.	
LE CHEF DES MATELOTS.	Mr Scelle.
MATELOTS.	
LE PROFESSEUR DE FOLIE.	Mr De la Tour.
UN MUSICIEN ÉCOLIER.	Mr Pillot.
UN POETE.	Mr Scelle.
LE FLEUVE LÉTHÉ.	
UNE PERSONNE DE LA FESTE.	Mlle Davaux.
JUPITER.	
VENUS.	
BACCHUS.	
MERCURE.	
PEUPLES DIVERS MASQUÉS.	

PERSONNAGES DANSANS.

PREMIER ACTE.

SUIVANTS DE PLUTUS.

Mr LAVAL.

Mrs Feuillade, Dupré f., Dubois, Desplaces, Henry, Bertrin,

SUIVANTS DE LA JEUNESSE.

Mlle PUVIGNÉE.

Mr BEAT. Mlle REIX.

Mlles Courcelle, Dumirey, Morel, Couppé, Himblot, Fleury.

SECOND ACTE.

MATELOTS.

Mr LANY,

Mr BEAT, Mlle DUMIREY.

Mlle LANY.

Mrs, Feuillade, Lochery, Trupty, Galodier.

Mlles Chevrier, Sauvage, Ponchon, Chomar.

TROISIÉME ACTE.

METASSINS.

Mlle PUVIGNÉE.

Mrs Trupty, Dupré p., Dupré f., Henry.

Mlles Courcelle, Sauvage, Deschamps, Fleury.

ECOLIERS.

Espagnols. { Mr Dubois. Mlle Himblot.
Mr Locheri. Mlle Coupée.

SUIVANTS DE LA FOLIE.

Polichinel. Mr Hyacinthe. *Colombine.* Mlle Chevrier.
Arlequin. Mr Beat. *Arlequine.* Mlle Reix.
Mézetin. Mr Gallini. *Mezetine.* Mlle Riquet.
Pantalon. Mr Lelievre. *Vénitienne.* Mlle Ponchon.

QUATRIÉME ACTE.

PEUPLES DIVERS MASQUÉS.

Mrs LANY, LYONNOIS, LAVAL, HYACINTHE.

Mlles LANY, LYONNOIS.

Mrs Desplaces, Dubois. Mlles Fleury, Ponchon.
Mrs Bertrin, Trupty. Mlles Sauvage, Morel.
Mrs Henri, Dupré f. Mlles Chomar, Deschamps.
Mrs Galodié, Locheri. Mlles Dumirey, Riquet.

LE CARNAVAL ET LA FOLIE,

ACTE PREMIER.

Le Théâtre représente un Bois fleuri, consacré A LA JEUNESSE.

SCENE PREMIERE.

LE CARNAVAL.

ACCHUS, laisse-moi soupirer ;
Amour, laisse-moi boire.
Mon cœur entre vos mains se plaît à se livrer.
Entre vous-deux, partagez la victoire.

De tendresse & de vin je me veux ennyvrer ;
L'Amour fait mes plaisirs, & Bacchus fait ma gloire.
Bacchus, laisse-moi soupirer ;
Amour, laisse-moi boire.

SCENE II.

LE CARNAVAL, MOMUS.

MOMUS.

TU vois l'objet de la haine des Dieux,
Dans le censeur de leur caprice.
Ils m'ont banni du ciel, & le maître des cieux,
Veut jouir en paix de ses vices.
C'est toi désormais que je sers;
Souffre que sur tes pas pour jamais je m'engage ;
Et que du nectar que je perds,
Ton vin charmant me dédomage.

ENSEMBLE.

Que {mes / tes} biens désormais soient communs entre nous ;
Qu'à jamais l'amitié nous lie.

LE CARNAVAL.

Pour commencer des nœuds si doux,
Ecoute, c'est à toi que mon cœur se confie.

Tu vois ce ſéjour enchanté ;
Le repos regne ſur ces rives ;
L'abondance y nourrit la molle volupté ;
Du rocher que tu vois, le paiſible Léthé
Répand juſqu'aux enfers ſes ondes fugitives ;
Plutus & la Jeuneſſe en ce charmant ſéjour,
Goûtent un ſort exempt de peines :
Dès longs-tēmps le fidele Amour
Les a liez de ſes plus douces chaînes,
Et l'aimable Folie en a reçû le jour.

MOMUS.

Quoi ? Quel ſecret enfin doit ſuivre cette image ?

LE CARNAVAL.

Cher Momus, la Folie eſt l'objet qui m'engage.

MOMUS en riant.

Que votre choix eſt beau ! Que vos liens ſont doux !
Vous ne pouviez trouver de maîtreſſe plus belle :
Elle ſeule eſt digne de vous,
Et vous ſeul êtes digne d'elle.

LE CARNAVAL.

Tel ſe mocque de mes ardeurs,
Qui ſuit ſes loix ſans la connoître ;
Par des charmes ſecrets elle enchante les cœurs,
Et j'ai mille rivaux qui ne penſent pas l'être.

MOMUS.

Malgré tous vos rivaux, l'Amour doit réunir
Deux cœurs où le Destin mit tant de ressemblance;
Trop digne de la préference,
Vous êtes sur de l'obtenir.

LE CARNAVAL.

Momus, je suis aimé de l'objet qui me blesse.
Et l'hymen va bien-tôt, par ses aimables nœuds,
Achever de me rendre heureux,
Si j'y fais consentir Plutus & la Jeunesse.

On entend une simphonie.

Mais, ils viennent au bruit de ces concerts charmans,
Le tems n'affoiblit point leur flâme:
Il semble que l'Amour lance à tous les momens
Quelque trait nouveau dans leur ame.

SCENE

SCENE III.

PLUTUS, LA JEUNESSE, MOMUS, LE CARNAVAL.

PLUTUS.

Jeuneſſe brillante,
Tous les plaiſirs ſuivent vos pas ;
Sans vous rien ne contente ;
Vous donnez à tout mille appas :
Il n'eſt point dans les cieux de Déeſſes ſi belles.
Le charme de la nouveauté
Accompagne toujours vos graces immortelles ;
Vous êtes la ſeule Beauté
Qui peut faire des cœurs fideles.

LA JEUNESSE.

Aimable Dieu, de qui la main diſpenſe
Ce qui rend les mortels heureux ;
Votre vaſte puiſſance
Réunit pour vous tous les vœux :
En vous cherchant, la peine devient chere ;
On ſe fait de vous voir le plus charmant plaiſir :
Le bonheur même de vous plaire
En irrite encor le déſir.

PLUTUS ET LA JEUNESSE.

Amour, de notre flâme accrois la violence ;
Vole, viens resserrer nos nœuds :
Pour le prix de notre constance,
Nous ne voulons qu'être plus amoureux.

PLUTUS.

Que tout vous parle ici de l'ardeur qui m'enchante,
Déesse, voyez en ces lieux
S'élever à ma voix puissante,
Un palais digne de vos yeux.

Le Théâtre change, & représente le Palais de PLUTUS.

PLUTUS.

Vous qui suivez mes pas, servez l'amour extrême,
Où mon cœur s'est abandonné ;
Apportés tous les biens que le sort m'a donné,
Aux pieds de la beauté que j'aime.

On danse.

SCENE IV.

LA FOLIE, & les Acteurs de la Scene précédente.

LA FOLIE.

CEssez, Jeux indiscrets, où manquoit la Folie ;
Qu'ici tout se taise à ma voix.
Je ne veux point souffrir de fête où l'on m'oublie,
Et l'on ne doit ici rire que sous mes loix.

PLUTUS ET LA JEUNESSE.

Quoi ! Vous osez...

LA FOLIE.

Envain ce discours vous offense.
Je dois la vie à votre amour,
Mais ne me croyés pas sous votre obéissance.
L'honneur de m'avoir mise au jour,
Vous paye assez de ma naissance ;
Abandonnez cette isle, ou m'y laissez régner.

PLUTUS ET LA JEUNESSE.

Hé-bien, il faut céder à votre violence ;
Puisque de vous guérir nous perdons l'esperance,
Il est tems de nous éloigner.

LA FOLIE.

Demeurez, il suffit de votre obéïssance.
Que votre régne recommence;
Revenez, doux plaisirs, plaisirs, revenez-tous;
Mais revenez encor plus doux;
Vous languissiez sans moi; brillez par ma présence.

LA FOLIE, LE CARNAVAL, ET LE CHŒUR.

Chantons: du Dieu de l'Or célébrons les appas;
Chantons la Jeunesse & ses charmes.

Une partie du CHŒUR.

Tous les cœurs lui rendent les armes.

L'AUTRE PARTIE.

Tous les cœurs volent sur ses pas.

LES PREMIERS.

Pour meriter son secours favorable,
On brave la fureur & des vents & des mers.

LA FOLIE ET LE CARNAVAL.

Elle seule embellit les plus affreux déserts;
Et sans elle, il n'est point de séjour agréable

LES CHŒURS ET LA FOLIE.

Non, non, tout l'Univers
N'a rien de plus aimable.

On danse.

LA FOLIE.

Souffrez que l'Amour vous lie,
Jeunes cœurs, cédez à ſes feux :
Sans l'Amour & la Folie,
Il n'eſt point de momens heureux.

L'Amour m'a prêté ſes armes,
C'eſt à moi de lancer ſes traits :
Que les plaiſirs ont de charmes !
Ses rigueurs même ont des attraits.

Souffrez que l'Amour vous lie,
Jeunes cœurs, cédez à ſes feux :
Sans l'Amour & la Folie,
Il n'eſt point de momens heureux.

Suivez une erreur charmante,
Jouiſſez d'un bonheur conſtant ;
La tendre Folie enchante,
La Sageſſe en fait-elle autant ?

Souffrez que l'Amour vous lie,
Jeunes cœurs, cédez à ſes feux :
Sans l'Amour & la Folie,
Il n'eſt point de momens heureux.

On danſe.

CHŒUR.

Au Dieu d'amour livrez votre ame,
Le plaiſir naît de ſes ardeurs ;

Qu'il triomphe, qu'il vous enflâme,
Qu'il enchaîne à jamais vos cœurs.

LE CARNAVAL, à PLUTUS, & à LA JEUNESSE.

Vous voyez, Dieux charmans, la Déesse que j'aime
C'est à vous de régler ses vœux;
Elle daigne répondre à ma tendresse extrème,
Consentez que l'himen nous unisse tous deux.

PLUTUS ET LA JEUNESSE.

Tout flate vos désirs, nous approuvons vos feux.

LA FOLIE sort.

LE CARNAVAL.

Belle Déesse... O ciel! Elle a quitté ces lieux!
De votre aveu sa pudeur est blessée.
Elle a fui des discours qui l'ont embarassée:
Elle veut dérober ses transports à mes yeux.

CHŒUR.

Au Dieu d'amour livrez votre ame,
Le plaisir naît de ses ardeurs;
Qu'il triomphe, qu'il vous enflâme,
Qu'il enchaîne à jamais vos cœurs.

FIN DU PREMIER ACTE.

ACTE II.

Le théâtre représente une campagne fertile. On voit sur le devant d'un des côtes du théâtre, LE FLEUVE LETHÉ *endormi sur son urne, & au fonds, la mer.*

SCENE PREMIERE.

LE CARNAVAL.

SOUS les loix de l'Hymen je me range sans peine,
Mon cœur y trouve des appas.
Dieu du vin, n'en murmure pas,
Tu dois t'applaudir de ma chaîne.
Les doux plaisirs qu'il prépare pour moi,
Mettront le comble à ta victoire;
Les fruits de mon hymen ne naîtront que pour toi;
Bacchus, je les voue à ta gloire.

SCENE II.

LE CARNAVAL ET LA FOLIE.

LE CARNAVAL.

ENfin la Beauté que j'adore,
Va s'unir avec moi par les nœuds les plus doux.
L'Hymen va ſoulager le feu qui nous dévore;
Que nous ſerons d'heureux époux!

LA FOLIE.

Nous ne le ſommes pas encore.

LE CARNAVAL.

Plutus & la Jeuneſſe approuvent mon ardeur;
Quel autre peut encor me nuire?

LA FOLIE.

Moi.

LE CARNAVAL.

Vous?

LA FOLIE.

J'allois ſans eux faire votre bonheur
Leur aveu vient de le détruire.

LE CARNAVAL.

Vous voulez rire.

LA

LA FOLIE.

Non, non, apprenez une fois
A connoître mieux la Folie ;
Je ne fuis point ſoumiſe aux loix
De ceux qui m'ont donné la vie,
Le contraire de leur envie,
Détermine toujours mon choix.

LE CARNAVAL.

Sont-ce-là les plaiſirs où l'hymen me convie ?

LA FOLIE.

Cet hymen, ces plaiſirs ne ſont plus de ſaiſon.

LE CARNAVAL.

Quoi! Vous changez, perfide! Et par quelle injuſtice?

LA FOLIE.

Je vous aimois ſans raiſon,
Et je change par caprice.

LE CARNAVAL.

Ciel, me reſerviez-vous à ce cruel ſupplice ?

LA FOLIE.

J'entends votre cœur ſoupirer
De l'excès de votre martyre ?
Goutez, ſi vous voulez, le plaiſir d'en pleurer ;
Mais, laiſſez-moi celui d'en rire.

LE CARNAVAL.

Non, non, n'eſperez pas jouir de mes douleurs.

LA FOLIE.

Ne cachez point les allarmes
Que vous cauſent mes rigueurs:
Verſez du moins quelques pleurs,
Pour la gloire de mes charmes.

LE CARNAVAL.

Non, non, n'eſperez pas jouir de mes douleurs.
Je dégage mon cœur, & je vous rends le vôtre,
Ce n'eſt plus qu'au dépit que je veux me livrer.
Amour, ceſſe de m'aſſurer
Que nous étions faits l'un pour l'autre.

LA FOLIE.

Vous pouvez éprouver le charme
Des ondes dont ce fleuve arroſe ces côteaux:
Ne croyez pas que votre oubli m'allarme,
Ma beauté me promet mille eſclaves nouveaux.

LE CARNAVAL.

Vous ſerez contente, inhumaine,
J'éteindrai tous les feux dont mon cœur eſt rempli;
Indigne d'amour & de haine,
Vous ne meritez que l'oubli.

Fuyons, souffrons enfin que la raison me guide.
Je vais loin de vos yeux briser d'indignes fers:
Je vais entre nous deux, perfide,
Mettre tout l'espace des mers.

Il sort.

LA FOLIE.

Ah! N'ayons pas l'affront que l'on me quitte.
Neptune, tu me dois l'hommage des mortels;
C'est moi qui par leurs mains ai dressé tes autels,
Refuse ton onde à sa fuite.

La mer se souleve & les vents grondent.

LA FOLIE.

Vous voyez mon pouvoir; tous les vents furieux
Ont troublé le repos de l'onde,
La terre tremble, le ciel gronde,
Les flots s'élevent jusqu'aux cieux.

CHŒUR *de gens qui sont naufrage.*

Ciel! Juste ciel!

LA FOLIE.

Quels malheureux périssent?

CHŒUR *derriere le Théâtre.*

Mille abîmes profonds s'offrent à nos regards;
Les ondes & la mort entrent de toutes parts:
Dieux! O Dieux! Que nos cris, que nos vœux vous fléchissent!

Plusieurs Matelots descendent d'un vaisseau échoué.

SCENE III.

LA FOLIE, LE CARNAVAL, LE CHEF DES MATELOTS, ET LES CHŒURS.

LA FOLIE au Carnaval.

CE ſont mes favoris que vous voyez venir ;
L'orage ſur ces bords les contraint de deſcendre :
Ne vous éloignez pas, ils pourront vous apprendre
A perdre un triſte ſouvenir.

LE CHEF DES MATELOTS.

Nos compagnons victimes de l'orage,
Ont ſouffert à nos yeux un trépas plein d'horreurs ;
Privez aux fond des eaux des funebres honneurs,
Leurs mânes vont errer ſur le fatal rivage :
Ne nous expoſons plus à de pareils malheurs.

CHŒURS.

Que les vents, loin de nous, exercent leur ravage ;
Evitons à jamais les écueils & l'orage :

On danſe.

LE CHEF DES MATELOTS,

ET LE CHŒUR.

Embarquons-nous, tout rit à nos désirs.
Le vent propice nous seconde,
La Fortune & tous les plaisirs.
Nous attendent au bout du monde.

LA FOLIE.

Arrêtez, ingrats, arrêtez ;
Et du moins en partant, rendez moi votre hommage.
C'est moi qui trace l'image
Des biens & des plaisirs que vous vous promettez,
Et votre espoir est mon ouvrage.
Arrêtez, ingrats, arrêtez,
Et du moins en partant, rendez-moi votre hommage.

Les matelots lui rendent leur hommage. Elle les touche de sa marotte ; ce qui leur donne une nouvelle ardeur.

On danse.

LA FOLIE.

L'orage en amour présage un doux sort,
Le plus cher des plaisirs vous attend au port.

Un beau jour s'apprête,
Tout sert vos désirs ;
Voyez la tempête
Céder aux zéphirs.

L'orage en amour présage un doux sort,
Le plus cher des plaisirs vous attend au port.
Passez au rivage
L'hyver de vos ans,
Craignez moins l'orage
Dans votre printems;
Voguez en paix, & bravez la rage
Des flots & des vents.
L'orage en amour présage un doux sort,
Le plus cher des plaisirs vous attend au port.

On danse.

LA FOLIE ET LE CHŒUR.

Vents qui ne troublez point les flots
Regnez sur les humides plaines:
Fuyez, vents orageux, laissez l'onde en repos;
Eole, resserre leurs chaînes.

Les Matelots se rembarquent.

SCENE IV.

LE CARNAVAL ET LA FOLIE.

LE CARNAVAL.

LA raison contre vous n'a que de foibles armes,
Je ne puis vaincre mon ardeur ;
Les efforts que je fais pour oublier vos charmes,
Les gravent encor mieux dans le fond de mon cœur.
Il est tems qu'à mes feux votre caprice céde,
Commencez mes plaisirs, & terminez mes maux.

LA FOLIE.

Je vous laisse avec le remede,
Vos yeux vous ont appris le pouvoir de ces eaux.

SCENE V.

LE CARNAVAL.

OUi, cruelle, il eſt tems que mon dépit éclate;
Puiſons ici l'oubli de mes folles amours;
Mais non, pour oublier l'ingrate,
Le vin eſt le plus ſur ſecours.
Eteins mes feux, briſe ma chaîne;
Dieu du vin, gueri ma langueur:
Verſe, verſe à longs-traits ta charmante liqueur;
Et pour me vanger de ma peine,
Viens noyer l'amour dans mon cœur.
Je vais chercher Momus; je veux qu'à taſſe pleine,
Il m'aide à triompher de mon indigne ardeur.
Bacchus, rends aujourd'hui ma victoire certaine,
Verſe, verſe à longs-traits ta charmante liqueur;
Et pour me vanger de ma peine,
Viens noyer l'Amour dans mon cœur.

FIN DU SECOND ACTE.

ACTE III.

Le Théâtre représente le palais de la F O L I E.

SCENE PREMIERE.

MOMUS.

A De nouveaux transports mon ami s'abandonne ;
La table & mes conseils n'ont pû l'en garentir ,
Pour servir son amour il m'en a fait sortir.
Du moins dans l'emploi qu'il me donne,
Cherchons de quoi m'en divertir.

Mais, la Déesse vient.

SCENE II.

MOMUS, LA FOLIE.

MOMUS.

CRuelle, à quel tourment
Avez-vous livré votre Amant !
Ce n'eſt plus cet aimable maître
Qui ſçavoit nous inſtruire à noyer nos chagrins :
Au milieu même des feſtins,
Il ſent ſon déſeſpoir s'accroître ;
Le verre lui tombe des mains,
L'Univers va le méconnoître.

LA FOLIE.

Quoi ! Momus.....

MOMUS.

Votre trahiſon
L'a mis dans un trouble effroyable.

LA FOLIE.

Ah ! S'il en perdoit la raiſon ;
Que je le trouverois aimable !

MOMUS.

Si pour vous ſa folie eſt un charme ſi doux,
Il eſt depuis longtems digne de votre flâme :
Le jour qu'il ſoupira pour vous,
La raiſon ſortit de ſon ame.

LA FOLIE.

Ceſſez donc de plaindre des feux
Qui l'ont débarraſſé d'une raiſon cruelle :
N'eſt-il pas encor trop heureux,
D'être délivré d'elle ?

MOMUS.

Inſultez-vous encor à ſon trouble amoureux ?

LA FOLIE.

La raiſon pour un cœur n'eſt qu'un bien rigoureux,
Et ſa perte eſt un doux dommage ;
Vous-même, ſeriez-vous heureux,
Si vous êtiez plus ſage ?

MOMUS.

Quittons des détours ſuperflus,
C'eſt aſſez éprouver votre ame :
Si vous m'aviez paru trop ſenſible à ſa flâme,
Je vous aurois caché qu'il ne vous aime plus.

LA FOLIE.

Quoi !

MOMUS.

De ſon cœur l'amour n'eſt plus le maître,
Ces eaux que vous même.....

LA FOLIE.

Ah ! Le traître !

MOMUS.

Elles ont fini ſon tourment.

LA FOLIE.

Juste ciel ! Puis-je croire un si grand changement ?

MOMUS.

L'oubli succéde aux feux que vous aviez fait naître;
Affranchis désormais d'amour & de chagrin,
Nous pourrons du soir au matin,
Boire à longs traits, chanter & rire :
Belles, le verre en main, nous braverons vos coups,
Et nous ne songerons à vous,
Que pour le plaisir d'en médire.

LA FOLIE.

C'en est donc fait, tu n'es plus sous ma loi,
Ingrat, tous tes sermens sont autant de parjures;
Si j'avois outragé ta foi,
Qui t'empêchoit, cruel, d'éclater en murmures ?
Il falloit m'accabler d injures,
C'auroit été du moins te souvenir de moi.

Je ne me connois plus dans ma douleur profonde;
Que tout sente avec moi mes déplaisirs cruels;
Abandonnons le soin du monde,
A la triste raison livrons tous les mortels.
Déchirons, déchirons le voile salutaire
Qu'audevant de leurs yeux je déployois toujours;
Et que privés de mon secours,
Ils sentent, comme moi, l'excès de leur misere.

Elle jette sa marotte.

Vous, allez ſceptre vain, dont j'impoſe mes loix,
Vous n'êtes plus pour moi qu'un inutile poids;
Que ſert tout cet éclat, que ſert mon rang ſuprême,
Quand l'ingrat que j'aimois m'oſe ſacrifier?
Ah! Puiſqu'il a pû m'oublier,
Je voudrois m'oublier moi-même!

Elle ſe laiſſe tomber.

MOMUS.

Prenant la marotte de la Folie.

Cet ornement peut ſervir mes déſirs;
Mais, j'ai pitié du trouble où ſon ame ſe livre.
Vous, qu'elle a choiſis pour la ſuivre,
Venez, & par vos chants calmez ſes déplaiſirs.

SCENE III.

MOMUS, LA FOLIE, & ſa Suite *qui arrive en danſant.*

CHŒUR des Suivantes de la FOLIE.

CRaignez de vous faire
Un triſte deſtin;
Si vous voulez plaire,
Chaſſez le chagrin:

Dès que l'on s'y livre
On perd ses appas ;
Eh, qui voudroit suivre
Désormais vos pas ?
Est-il doux de vivre,
Quand on ne plaît pas ?

On danse.

LA FOLIE *se relevant.*

Quoi ! Je verrois mes attraits s'effacer ?
Non, non, à ma douleur j'aime mieux renoncer.

LA FOLIE ET LE CHŒUR.

Qu'en ces lieux chacun chante ;
Que l'écho chante avec nous.

Tout nous rit, tout nous enchante ;
Goutons les biens les plus doux.

Heureux un cœur qui s'oublie !
Devenons encor plus foux ;
De notre aimable folie,
Rendons les sages jaloux.

Le fond du Théâtre s'ouvre, & laisse voir un salon rempli de Musiciens, auxquels un Maître de Musique bat la mesure : il paroît en même tems un Professeur de FOLIE, *suivi de plusieurs Ecoliers.*

LE PROFESSEUR DE FOLIE.

Son Professor di pazzia,
Volate, Scholari,
Sarete Dottori,
Nell'arte d'all'egria.

LE CHŒUR de la ſuite de la FOLIE, repete *Volate*, &c.

LE PROFESSEUR, donnant un papier de muſique à un Muſicien.

Cantate, cantate.

Il chante avec l'Écolier.

Amoroſi, ſoſpiri
Son, il canto di cuori.

LE PROFESSEUR.

E la Prima lettione:
La Secunda, ballate.

Un Danſeur & une Danſeuſe, danſent autour de lui.

LE PROFESSEUR, à un Poëte.

La Terza, rimate.

LE POETE, en rêvant.

L'ardore,
D'Amore.

LE PROFESSEUR.

Bene, bene.

LE POETE.

L'Ardore,
D'Amore...
E gosia d'el cuore.

LE PROFESSEUR.

Bene, bene, bene.
Cantate, ballate, rimate.
E d'ella pazzia la perfettione.

LE CHŒUR repete *Cantate*, &c.

On danse.

LE MUSICIEN ET LE CHŒUR.

Amour, fais nous ressentir tes feux,
Triomphe, triomphe, viens nous rendre heureux.
Que tes faveurs soient pour les plus foux.
Fuyez, Vieillesse,
Fuyez, Sagesse,
Nos tendres plaisirs ne sont pas faits pour vous.
Amour, fais nous ressentir tes feux,
Triomphe, triomphe, viens nous rendre heureux.
Puni les cruelles
Et les inconstans;
Attendri les belles,
Fixe les amans;
Qu'ils soient tous fidelles,
Qu'ils soient tous contens.
Amour, &c.

On danse.

LA FOLIE.

Venez porter ailleurs votre réjouissance,
Le changement de lieux plaît à mon inconstance.

SCENE

SCENE IV.

MOMUS, LE CARNAVAL.

LE CARNAVAL.

QU'apprendrai-je, Momus, de l'objet de mes vœux ?

MOMUS.

Je viens d'en triompher ſans peine,
L'amour a dans ſon cœur fait naître mille feux :
Et pour éterniſer ſa chaîne,
Elle veut que l'Hymen y joigne encor ſes nœuds.

LE CARNAVAL.

Ah Momus! Cher Momus, que tu me rends heureux!

MOMUS.

Du nouvel amour qui l'engage,
Elle ſuivra toujours la loi :
Son cœur déſormais moins volage,
M'a promis de n'aimer que moi.

LE CARNAVAL.

Qui vous ?

MOMUS en montrant la marotte.

Reconnoiſſez ce gage de ſa foi.

LE CARNAVAL.

O ciel !

MOMUS.

Epargnez-vous une plainte frivole,
Que le Dieu du vin vous console;
Du cœur d'une ingrate beauté:
Que pour ce Dieu charmant votre ardeur se réveille;
Venez, courez au vin que vous avez quitté;
Vous trouverez au fond de la bouteille,
Le repos & la liberté.

Il sort.

LE CARNAVAL.

Le suivrai-je?... Mais quoi! Laisser une volage
S'applaudir en repos de m'oser outrager?
Non, il faut la punir; c'est meriter l'outrage
Que de n'oser pas s'en vanger.
Toi, sombre & triste Hyver, Divinité puissante,
Si jamais sur tes pas j'ai conduit les plaisirs;
Si par mes soins ton régne enchante,
Plus que le régne heureux de Flore & des Zéphirs:
Reconnois mes faveurs, au gré de mes désirs,
Rends aujourd'hui ma vangeance éclatante.

Volez, volez rapides Aquilons,
Faites sur ce palais les effets de la foudre;
Qu'il se brise, qu'il tombe en poudre:
Elevez en ces lieux d'horribles tourbillons.

Les vents brisent les ornemens du Palais.

FIN DU TROISIÉME ACTE.

ACTE IV.

Le Théâtre représente les Jardins de PLUTUS, *& de* LA JEUNESSE, *ravagés par les vents.*

SCENE PREMIERE.

LA FOLIE.

ON Amant dans mes fers eſt toujours arrêté,
Au trouble de ces lieux je vois trop qu'il m'adore :
Malgré le ſecours du Lethé,
Puiſqu'il ſe vange, il m'aime encore.

Quel triomphe pour mes attraits !
Ah ! Que ſa vangeance m'enchante !
L'air mugiſſant, l'onde grondante,
Les arbres arrachez dans le ſein des forêts ;
Les rochers renverſez, & la terre tremblante :
Ah ! Que ſa vangeance m'enchante !
Quel triomphe pour mes attraits !

SCENE II.

LE CARNAVAL, LA FOLIE.

LA FOLIE.

LA guerre qu'en ces lieux les vents ont déclarée ;
Eſt donc l'effet de vos tranſports ?
En croirons-nous l'impétueux Borée ?
Il jure qu'il vous ſert, en ravageant ces bords.

LE CARNAVAL.

N'en doutez point ; il vange un amour qu'on outrage.

LA FOLIE.

Quoi ! Vous m'aimez encore ?

LE CARNAVAL.

Eh ! Puis-je vous haïr ?
Vainement je m'excite à la haine, à la rage ;
Ce cœur, ce lâche cœur ne ſçauroit m'obéir.

Bacchus me fuit, & Comus m'abandonne ;
Silene rit de mes vœux ſuperflus :
Moi-même je m'oublie, & ne m'enyvre plus,
Que d'un amour qui m'empoiſonne.

LA FOLIE.

Que vos tranſports charment mes yeux !

LE CARNAVAL.

Faut-il ne les ſentir que pour une infidelle !
Perfide, reconnois les lieux
Où tu m'avois promis une ardeur éternelle.

LA FOLIE s'aſſeoit, & s'aſſoupit au récit ſuivant.

Tu vois parmi les fleurs, cette eau ſuivre ſon cours,
Nos ſoupirs s'y mêloient au murmure de l'onde ;
Regarde ces ſombres détours,
Nos amours y croiſſoient dans une paix profonde.

Ces arbres, ces rochers ſont témoins de ta foi ;
Dans ce lieu même où mon amour te bleſſe,
Mille fois les échos m'ont redit, après toi,
Je jure de t'aimer ſans ceſſe.

LA FOLIE.

Plaignez toujours ainſi la rigueur de vos maux.
Non, le ſommeil n'a point de ſi puiſſants pavots ;
C'eſt vainement que mes yeux s'en défendent,
Les Aquilons m'ont ôté le repos,
Vos tendres plaintes me le rendent.

LE CARNAVAL.

Ciel ! Quel eſt donc pour moi ce mépris obſtiné ?
Vous ajoutez encor l'outrage à vos parjures.

LA FOLIE.

Pourquoi m'éveillez-vous ? Contraignez vos murmures ;
Respectez le repos que vous m'avez donné.

LE CARNAVAL.

C'en est trop, Déesse inhumaine,
Craignez le désespoir où vous m'avez jetté ;
De mille affreux transports mon cœur est agité,
Et la rage y confond & l'amour & la haîne.

LA FOLIE.

Est-ce donc là l'effet qu'a produit le Léthé ?
Ses eaux n'ont pas éteint l'ardeur qui vous posséde:
Mes traits de votre cœur ne sont pas effacez ?
L'eau vous est un fâcheux remede,
Vous n'en aurez pas pris assez.

LE CARNAVAL.

Ah ! Chaque mot accroît le couroux qui m'entraîne!

LA FOLIE.

Il faut aux amans plus d'un jour,
Pour briser une aimable chaîne:
Et l'oubli ne prend pas sans peine,
La place d'un premier amour.

LE CARNAVAL.

Perfide, vous avez éprouvé le contraire,
En moins d'un jour vos feux se sont éteints.

MOMUS paroit.

Et voilà déformais le Dieu qui fçait vous plaire.

LA FOLIE.

Ciel! Qui peut avoir mis mon fceptre dans fes mains?

SCENE III.

LA FOLIE, LE CARNAVAL, ET MOMUS.

LA FOLIE reprenant fa marotte.

Quittez cet ornement que je tiens des deftins,
Et par qui tout fe range à mon obéiffance ;
Quoi ! Vouliez-vous fur les humains,
Exercer ma puiffance ?

LE CARNAVAL.

Eh ! N'eft-ce pas de vous que Momus en ce jour,
A reçû ce gage d'amour ?

MOMUS.

Je vous ai trompé l'un & l'autre :
Mais, c'eft affez jouir de fon trouble & du vôtre.
Nous n'aurons plus de regrets à former,
Et chacun a fuivi le penchant qui l'infpire :
Le votre étoit de vous aimer.
Le mien étoit d'en rire.

SCENE IV.

PLUTUS, LA JEUNESSE, LE CARNAVAL, LA FOLIE ET MOMUS.

PLUTUS ET LA JEUNESSE.

Dieu cruel, fuyez de ces lieux;
N'êtes-vous pas content de cet affreux ravage;
Fuyez, n'offrez plus à nos yeux,
Un ennemi qui nous outrage.

LE CARNAVAL.

Ah! Pardonnez l'effet d'un tranſport amoureux.

PLUTUS ET LA JEUNESSE.

Non, non, perdez toute eſperance;
Allez porter ailleurs votre rage & vos vœux:
Nous ne voudrons jamais, après ce trouble affreux,
D'une ſi funeſte alliance.

LA FOLIE.

Vous ne le voulez plus?

PLUTUS ET LA JEUNESSE.

Non.

LA FOLIE.

Et moi je le veux.

Pour

Pour couronner ſa flâme,
Et trouver nos liens charmans,
Voilà les ſentimens
Où j'attendois votre ame.

On entend une ſimphonie ; Jupiter deſcend ſur des nuages avec Venus, Bacchus, & Mercure.

PLUTUS & la JEUNESSE.

Mais, quels nouveaux concerts, & quels brillants nuages!
Les Dieux de leur préſence honorent ces rivages.

SCENE DERNIERE.

JUPITER, VENUS, BACCHUS, MERCURE;
Et les Acteurs de la Scene précédente.

JUPITER à Plutus & à la Jeunesse.

Ne combattez plus leurs déſirs;
Le ſort veut que l'hymen & l'amour les uniſſent:
Et qu'à ce nœud charmant, par de nouveaux plaiſirs,
Le ciel & la terre applaudiſſent.
Que ce jardin ſe change en un palais pompeux;
Qu'un trône s'éleve pour eux,
Qu'ils y goutent en paix une douce victoire.

Le Théâtre repréſente le palais du Carnaval.

VENUS.

Volez amours, volez aimables jeux,
Venez combler nos plaisirs & leur gloire.

JUPITER ET VENUS.

Vous, mortels, accourez : tout ici vous engage
A célébrer de si beaux nœuds;
Que vos plaisirs soient votre hommage,
Le sort ne les unit que pour vous rendre heureux.

DIFFERENTS peuples viennent rendre hommage au CARNAVAL : Ils prennent de sa main, des masques, & de celle de la FOLIE, des marottes ; & reviennent masquez se placer sur des gradins.

On danse.

CHŒUR.

Rassemblons-nous, dansons, folâtrons, chantons tous.
Célébrons par nos chants une chaîne si belle:
Que leur flâme soit éternelle;
Ah! Quel bonheur & pour eux & pour nous!

UNE PERSONNE DE LA FESTE.

Regnez charmans plaisirs, regnez dans ces climats,
Bannissez la raison, recevez notre hommage,
Les Mortels & les Dieux suivent par tout vos pas,

Vous enchaînez le tems aux pieds de votre image,
Vous ſuſpendez ſon funeſte ravage,
Et les belles par vous, renouvellent d'appas.

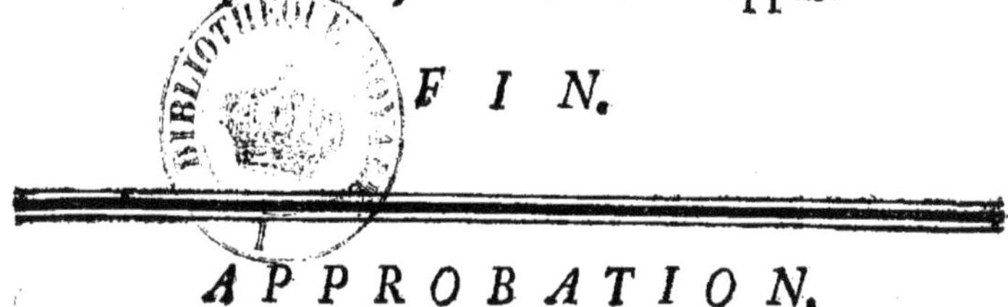

FIN.

APPROBATION.

J'Ai lû par ordre de Monſeigneur le Chancelier, une Nouvelle réimpreſſion du Ballet, intitulé *l. Carnaval & la Folie*. A Verſailles, ce quatre Juin 1755.

DEMONCRIF.

www.ingramcontent.com/pod-product-compliance
Ingram Content Group UK Ltd.
Pitfield, Milton Keynes, MK11 3LW, UK
UKHW021029180726
13838UKWH00004B/1692

9 782329 409511